Arañas

Serie Acuérdate De Mí

Por

Caroline Norsk

Copyright © 2014 por Caroline Norsk

Todos los derechos reservados. Ninguna parte de este libro puede ser usada o reproducida en forma alguna sin el permiso expreso y por escrito del editor, excepto para citarlo brevemente en reseñas de libros.

Créditos de las imágenes: Imágenes sin derechos de autor bajo licencias de varios repositorios de imágenes. Bajo licencia Creative Commons.

Acuérdate de mí por mis ocho patas que son largas y finas.

Acuérdate de mí cuando veas una delgada y pegajosa telaraña colgando de tu pared.

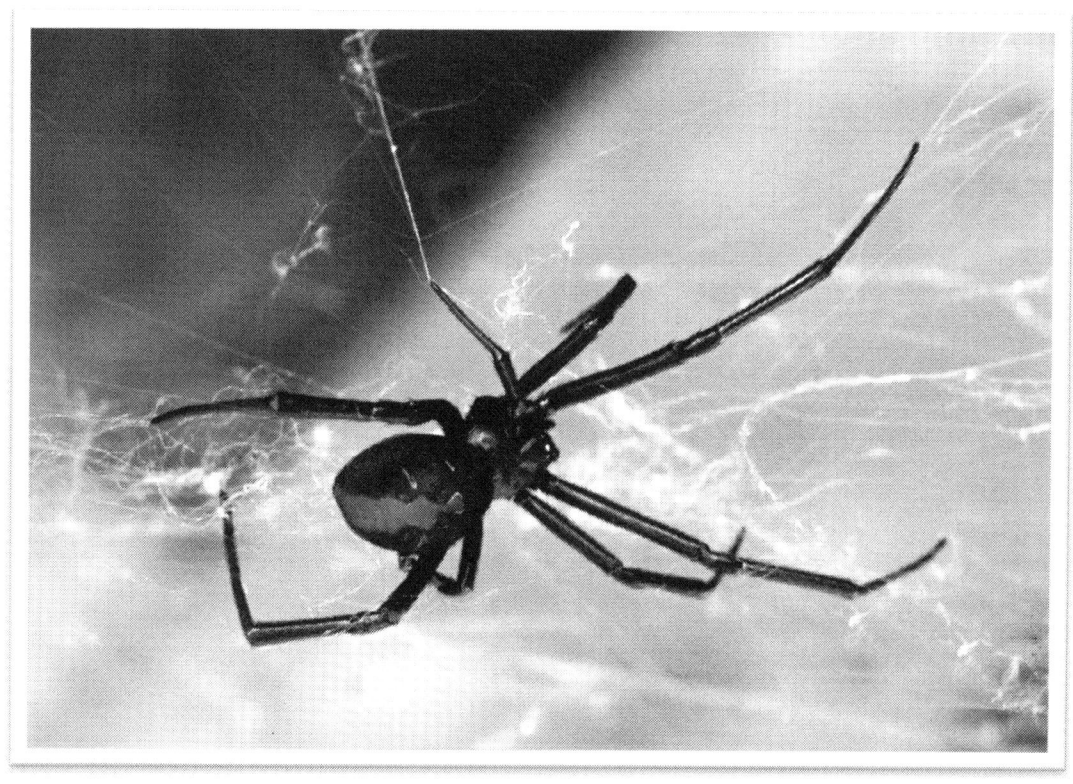

Acuérdate de mí y de mi par de pequeños pero afilados colmillos que pueden atravesar la carne.

Acuérdate de mí y de algunos de mis hermanos que tienen veneno tóxico.

Acuérdate de mí como un arácnido y no como un insecto.

Acuérdate de mí y de la más grande mi especie: la tarántula Goliat.

Acuérdate de mí y de mi cuerpo peludo.

Acuérdate de mí y de mis comidas favoritas: ratones, insectos, lagartijas y pájaros.

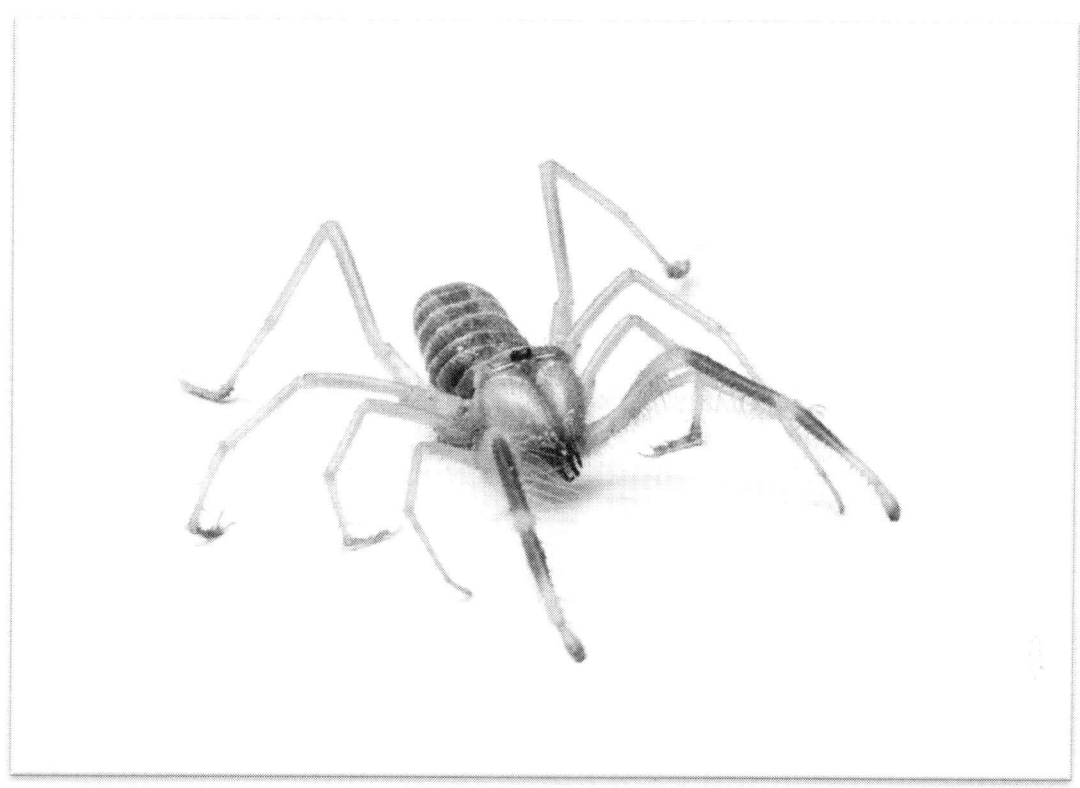

Acuérdate de mí porque soy diligente haciendo telarañas.

Acuérdate de mí porque soy amiga de niños y adultos.

Acuérdate de mí y de mi cuerpo redondo que está pegado a mis patas.

Acuérdate de mí cuando oigas un sonido apresurado en tu habitación.

Acuérdate de mí cuando sientas que algo se arrastra y avanza lentamente debajo de tu ropa.

Acuérdate de mí y de mis hermanas las tarántulas porque son grandes mascotas.

Acuérdate de mí porque soy inteligente y astuta.

Acuérdate de mí y de mis ojos negros pequeños y brillantes.

Acuérdate de mí porque soy la mejor tejedora del reino animal.

Acuérdate de mí por mis geniales habilidades de caza.

Acuérdate de mí y de los pequeños huevos de los que salí.

Acuérdate de mí y de la plateada seda con la que están hechas mis telarañas.

Gracias.

Buena suerte.

Made in the USA
Columbia, SC
10 December 2019